CODE DES COURSES

DE LA

FÉDÉRATION FRANCAISE

DES

SOCIÉTÉS D'AVIRON

30 MARS 1893

CODE

DES COURSES

CODE DES COURSES

DE LA

FÉDÉRATION FRANCAISE

DES

SOCIÉTÉS D'AVIRON

30 MARS 1893

SOMMAIRE

TROISIÈME PARTIE

PRÉFACE

Nous publions aujourd'hui la 2e édition du Code des Courses de la Fédération Française des Sociétés d'Aviron, corrigé conformément aux modifications votées en 1892 et 1893.

Nous avons cru devoir faire figurer en tête de cette édition, la Convention intervenue en 1890 entre l'Union de France, la Fédération du Nord et l'Union du Sud-Ouest, cette Convention étant la base de la Fédération Française ; nous l'avons fait suivre, par ordre de réception, de la mention des adhésions des autres groupes composant à ce jour la Fédération.

Cette édition contient en outre, par groupes régionaux, la liste des Sociétés françaises de la Fédération et celle des Sociétés étrangères reconnues par elle.

A. L.

CONVENTION

ENTRE

l'Union des Sociétés d'Aviron de France

LA

Fédération des Sociétés Nautiques du Nord de la France

ET

l'Union Nautique des Sociétés du Sud-Ouest

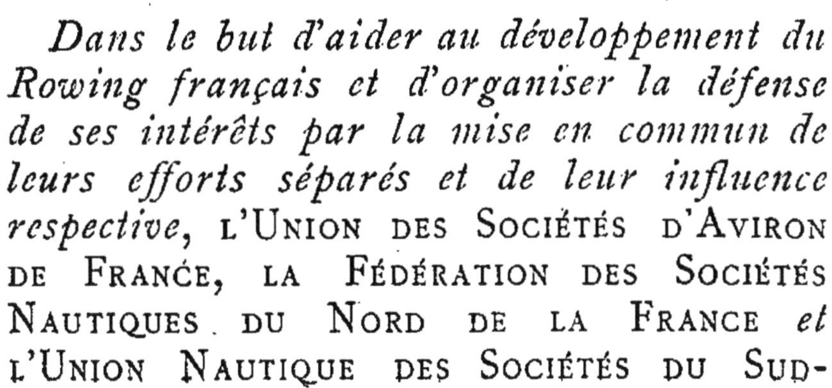

Dans le but d'aider au développement du Rowing français et d'organiser la défense de ses intérêts par la mise en commun de leurs efforts séparés et de leur influence respective, L'UNION DES SOCIÉTÉS D'AVIRON DE FRANCE, LA FÉDÉRATION DES SOCIÉTÉS NAUTIQUES DU NORD DE LA FRANCE *et* L'UNION NAUTIQUE DES SOCIÉTÉS DU SUD-

Ouest *adhèrent à la présente convention qui entrera en vigueur le 1er janvier 1891.*

I

Le Code de Courses ci-après, approuvé par l'Union des Sociétés d'Aviron de France, la Fédération des Sociétés Nautiques du Nord de la France et l'Union Nautique des Sociétés du Sud-Ouest, sera seul en usage parmi les Sociétés composant ces trois associations.

II

Les régates organisées et dirigées par une société de l'Union des Sociétés d'Aviron de France, de la Fédération des Sociétés Nautiques du Nord de la France ou de l'Union Nautique des Sociétés du Sud-Ouest, ne seront ouvertes qu'aux Sociétés de chacun de ces groupes ainsi qu'aux Sociétés étrangères officiellement reconnues par ces trois associations.

III

Les Sociétés de l'Union des Sociétés d'Aviron de France, de la Fédération des Sociétés Nautiques du Nord de la France et de l'Union Nautique des Sociétés du Sud-Ouest, ne pourront prendre part aux régates organisées ou dirigées par une ou plusieurs Sociétés ne faisant pas partie de l'une de ces associations ou par un comité quelconque n'adhérant pas à leur Code et à leur juridiction.

IV

Toute pénalité concernant un rameur ou une Société de l'un des trois groupes recevra son plein effet dans les autres groupes.

V

L'Union des Sociétés d'Aviron de France la Fédération des Sociétés Nautiques du Nord de la France et l'Union Nautique des Sociétés du Sud-Ouest conservent toute liberté de s'organiser intérieurement comme elles l'entendront.

VI

Les effets de la présente convention pourront être étendus aux associations régionales de Sociétés Nautiques qui en accepteront intégralement les clauses.

Fait à Lille, le 30 mars 1890.

Le Président de l'Union des Sociétés d'Aviron de France,

H. LEPÈRE,

Le Président de la Fédération des Sociétés Nautiques du Nord de la France,

DUFRAINE.

Libourne, le 25 mai 1890.

Le Président de l'Union Nautique des Sociétés du Sud-Ouest,

L. DELCROS.

ADHÉSIONS

Depuis la mise en vigueur de cette Convention, les groupes régionaux ci-après désignés en ont accepté intégralement les clauses.

Union des Sociétés d'Aviron du Nord-Est, par lette du 15 novembre 1891.

Fédération des Sociétés d'Aviron du Sud-Est, par lettre du 21 juin 1892.

Fédération des Sociétés Nautiques parisiennes, par lettre du 20 mars 1892.

CODE DES COURSES

DE LA

FÉDÉRATION FRANCAISE

DES

SOCIÉTÉS D'AVIRON

PREMIÈRE PARTIE

RÉGATES, RAMEURS, BARREURS, EMBARCATIONS

Régates

ARTICLE PREMIER. — Les Régates sont divisées en trois classes :

1° Les *Régates d'entraînement*, réservées aux Membres de deux Sociétés au plus ;

2° Les *Régates nationales*, ouvertes de droit à toutes les Sociétés françaises faisant partie de la Fédération Française des Sociétés d'Aviron ;

3° Les *Régates internationales*, ouvertes de droit non seulement aux Sociétés françaises ci-dessus énoncées, mais encore aux Sociétés étrangères reconnues par la Fédération française.

Nota. — Les *Championnats régionaux*, bien que rentrant dans les Régates nationales, pourront être réservés aux rameurs des Sociétés fédérées ayant leur siège dans la région où ils seront organisés.

Rameurs et Barreurs

Art. 2. — Ne sont admis dans les courses dirigées par les Sociétés de la Fédération Française que les rameurs *Amateurs* faisant partie des Sociétés fédérées et des Sociétés étrangères reconnues officiellement par elles.

La liste de ces Sociétés est établie par le Comité central de la Fédération française.

Art. 3. — Ne sont pas *Amateurs* :

1° Les rameurs courant ou ayant couru à gages et les personnes ayant fourni des subsides ou gages à des rameurs qualifiés amateurs, pour courir ;

2° Les marins, mariniers, passeurs, pêcheurs par état, gardiens de garages, constructeurs de bateaux par état, professeurs salariés de nage d'aviron, enfin toutes les personnes tirant ou ayant tiré leurs moyens d'existence d'une profession manuelle exercée d'une façon habituelle continue pour ou sur des bateaux ;

3° Les rameurs ayant pris part aux courses ouvertes aux professionnels désignés ci-dessus ;

4° Dans les Régates internationales, les rameurs qui, dans leur pays, ne sont pas reconnus comme amateurs.

La qualité d'amateur ne pourra être refusée ou retirée à un rameur régulièrement admis dans une Société fédérée que par le Bureau du Groupe régional auquel appartiendra la Société dont le rameur en course fera partie.

Art. 4. — Les officiers appartenant ou ayant appartenu à une marine de guerre, ainsi que les capitaines de marine marchande diplômés au long cours, et les officiers comptables de bord sont considérés comme amateurs.

Art. 5. — Ne sont pas admis à courir, les rameurs (ou Sociétés) exclus, rayés, suspendus de leurs droits ou disqualifiés conformément aux Statuts de l'une des associations fédérées.

Art. 6. — Les rameurs sont divisés en deux classes : les *Juniors* et les *Seniors.*

Est considéré comme *Junior en pointe* tout rameur n'ayant pas gagné trois premiers prix en pointe avant le 1er janvier de l'année dans laquelle il court.

Est considéré comme *Junior en couple* tout rameur n'ayant pas gagné trois premiers prix en couple avant le 1er janvier de l'année dans laquelle il court.

Art. 7. — Il peut être donné des courses contenant des restrictions à condition qu'il se trouve dans le programme des courses générales de même classe.

Les prix remportés dans ces courses comptent pour le classement.

Exception est faite pour les courses réservées aux canoës et bateaux de promenade ou de service dont l'organisation est absolument libre. Toutefois, si ces courses sont ouvertes aux professionnels, les amateurs ne pourront y prendre part, conformément au § 3 de l'art. 3.

Art. 8. — Les prix gagnés dans les *Régates d'entraînement,* les *matches* et les courses dans lesquelles *tous les concurrents sont handicapés*, ne comptent pas pour le classement.

Ne sont pas considérés comme *handicapées* les courses dans lesquelles toute une catégorie de rameurs ou d'embarcations rendrait un temps unique à une autre catégorie de rameurs ou d'embarcations. Ne comptent pas pour le classement les prix remportés dans des courses exclusivement réservées à des bateaux de promenade ou de service ou à des canoës.

Art. 9. — La distinction des Juniors et Seniors n'est pas applicable aux *barreurs*.

Les *barreurs* devront faire partie d'une Société, mais ils ne sont pas tenus d'être membres de la Société dont ils barrent les équipes; cette Société est responsable des actes de ses barreurs pendant les Régates.

Embarcations

Art. 10. — Les *Embarcations* sont divisées en deux catégories :

1° Les *embarcations de forme, de dimensions et de construction entièrement libres*;

2° Les *yoles franches*.

La *construction libre* est obligatoire dans toutes les courses nationales et internationales autres que celles à la mer où elle est facultative.

La *yole franche* pourra être prescrite par le programme pour les courses à la mer quand la Société organisatrice le jugera opportun.

Art. 11. — Les *yoles franches* sont des embarcations pontées ou non pontées, à clins et à plats-bords continus, de dimensions et de poids déterminés conformément au tableau ci-dessous :

EMBARCATIONS	LONGUEUR (*maximum*)	CREUX (*minimum*)	LARGEUR TOTALE (*minimum*)	LARGEUR DE LIGNE D'EAU (*minimum*)	POIDS (*minimum*)	NOMBRE DES CLINS DE CHAQUE CÔTÉ (*minim*).
A 1 rameur..	7m50	0m25	0m70	0m60	25k.	5
A 2 rameurs.	8 50	0 35	1 00	0 75	60 »	6
A 4 rameurs.	10 50	0 38	1 05	0 80	90 »	7
A 6 rameurs.	12 50	0 40	1 10	0 83	120 »	7
A 8 rameurs.	14 50	0 42	1 15	0 85	150 »	7

Art. 12. — Construction des yoles

FRANCHES : Les *clins* devront être d'égale largeur.

La *longueur* se mesurera de l'extrémité de l'étrave à celle de l'étambot; le *creux* du dessus des plats-bords à la naissance du gabord intérieurement (exceptions faites du premier mètre à partir de l'extrémité de l'étrave et de celle de l'étambot); la *largeur totale*, au maître bau, de dehors en dehors au niveau du dessus des plats-bords; la *largeur de la ligne d'eau*, au maître bau, extérieurement et horizontalement à douze centimètres et demi au-dessus de la naissance du gabord.

Toute *ferrure* quelconque ne devra pas dépasser horizontalement le contour extérieur de l'embarcation, au niveau des plats-bords, de plus de quatre centimètres; de plus, la partie horizontale du système ou du taquet de nage, autrement dit la *nage*, ne devra pas être située à plus de quatre centimètres au-dessus des plats-bords.

Cette clause n'est pas applicable aux embarcations à un rameur qui pourront posséder des portants en fer ou en bois pour obtenir le levier nécessaire sans avoir besoin d'étaler les œuvres mortes du bateau.

MESURAGE : Le mesurage des dimensions obligatoires n'offre aucune difficulté, sauf celle de la ligne d'eau qui s'obtient par la méthode suivante :

Emploi d'une règle au milieu de laquelle, sur un des côtés, est faite une encoche pour loger la partie saillante de la quille, extérieurement, le cas échéant; à égale distance de l'axe de cette règle (c'est-à-dire de l'encoche), et d'après les dimensions variant suivant l'échelle des bateaux, sont marqués des points de repère; à chaque extrémité de de la règle, deux tiges verticales mobiles, glissant horizontalement et d'une hauteur de douze centimètres et demi. Pour mesurer, fixer les tiges mobiles aux repères correspondants au bateau à mesurer et appliquer l'instrument sur l'embarcation, celle-ci étant retournée la quille en l'air; si les extrémités des tiges touchent la coque sans que la règle touche la naissance du gabord, la *ligne d'eau* est plus large qu'il n'est nécessaire et le bateau est conforme sur ce point au règlement.

Dans le cas contraire, la ligne d'eau est trop étroite et le bateau hors du règlement. Le point limite est obtenu quand l'appareil touche le bateau en trois points, savoir : les deux pointes des tiges mobiles aux flancs du bateau et la règle à la naissance du gabord.

ART. 13. — L'armement des embarcations est en pointe avec barreur. Pour les exceptions, voir l'article 15.

———

DEUXIÈME PARTIE

ORGANISATION DES COURSES

I. — Dispositions générales

Art. 14. — Les *courses* peuvent être organisées de deux manières différentes :

1° En ligne droite. } Bord à bord
2° Avec virages. } ou au piquet.

Art. 15. — Conformément à l'article 13, les embarcations sont armées en pointe avec barreur, mais les Sociétés peuvent organiser des courses pour embarcations armées en couple avec ou sans barreur, à condition de donner dans la même régate des courses de même nombre et de même classe de rameurs en pointe et de ne pas affecter aux courses en couple des prix supérieurs à ceux des courses en pointe.

Invitations, Engagements, Programmes

Art. 16. — Les Sociétés fédérées peuvent

organiser leurs Régates comme elles le jugent convenable, mais en se conformant strictement aux dispositions du présent code.

Art. 17. — Le Président de la Société invitée adresse ses *engagements* au Président de la Société organisatrice et certifie que les rameurs engagés sont amateurs et membres de sa Société.

Les engagements doivent contenir les noms et prénoms des rameurs et barreurs et les couleurs de leurs costumes. — Les équipes devront être composées de rameurs appartenant à la même société, sauf pour les régates à l'étranger, où les équipes pourront être formées avec des rameurs de plusieurs Sociétés.

Ils doivent être accompagnés du montant des entrées.

Les pseudonymes sont admis, mais à condition d'indiquer aussi le nom véritable.

Art. 18. — Toute équipe a droit *au remplacement de ses rameurs jusqu'à concurrence de la moitié*, pourvu que les remplaçants soient membres de la Société et que déclaration de leurs noms et qualités soit faite avant la course au juge-arbitre (ou au président du jury).

Le remplacement du barreur est également admis, pourvu que déclaration du remplacement soit faite comme il est prescrit ci-dessus.

Art. 19. — Chaque équipe doit être *uniformément vêtue;* le barreur doit porter la casquette de l'équipe.

L'admission aux courses sera interdite à ceux qui ne se conformeront pas à cette disposition.

Art. 20. — Les programmes d'invitation et les programmes des courses sont rédigés comme bon semble aux Sociétés organisatrices, mais afin de permettre au Jury (ou au juge-arbitre) de constater la qualité des rameurs et de les reconnaître, le programme des courses devra contenir le nom de tous les rameurs et barreurs engagés dans chaque course, et la couleur des équipes.

Organisation, Juridiction, Pénalités, Parcours

Art. 21. — L'*organisation matérielle* des Régates est laissée aux soins et à l'initiative des Sociétés organisatrices.

Mais la *direction des courses et l'application des règlements* sont confiés par la Société organisatrice soit à un *juge-arbitre*, soit à un *Jury* composé d'autant de membres qu'il y a de Sociétés prenant part aux courses, à raison d'un membre par chaque Société. —

Dans les courses à virage, c'est au Jury seulement qu'il appartient de juger les incidents.

La présidence du Jury appartient de droit au Président de la Société organisatrice; en cas de partage des voix, celle du président est prépondérante.

Lorsque le président de l'un des groupes fédérés assiste à la Régate, la présidence du Jury *peut* lui être offerte par la Société organisatrice.

La compétence du juge-arbitre (ou du jury) s'étend sur toutes les courses d'une même journée de régates.

Art. 22. — Des *commissaires* surveillent les départs, parcours, points de virage et les arrivées; ces commissaires sont juges-rapporteurs de la partie de la course qu'ils surveillent.

Ils doivent être agréés par le juge-arbitre (ou le jury) et agissent sous la responsabilité de celui-ci.

Les commissaires devront être reconnaissables par des insignes très visibles portés ostensiblement.

Art. 23. — Le juge-arbitre (ou le jury) peut infliger à tout rameur, barreur ou équipe certaines *pénalités*, telles que mise hors de course, interdiction temporaire du droit de courir, pour infraction aux règlements, manœuvre déloyale, défaut de soumission aux commissaires et manques aux convenances.

Art. 24. — Le rameur qui fait l'objet d'une demande de disqualification, pourra continuer à courir entre le moment précis ou aura été commis le fait incriminé et l'époque où il sera statué par le bureau du groupe auquel appartient la société dont il fait partie, mais les prix qu'il gagnera dans cet intervalle seront réservés et ne lui seront décernés que si la décision lui est favorable. La décision devra être rendu dans le mois du jour de la demande.

Art. 25. — *Toute fausse déclaration* concernant les noms, classe et qualité des rameurs et barreurs engagés entraîne la disqualification de la Société engagée ainsi que son exclusion temporaire ou définitive des régates de la Fédération. La Société organisatrice avisera de suite le Bureau de son groupe régional de la peine prononcée.

Art. 26. — Les *décisions* du juge arbitre (ou du jury) doivent être rendues le jour même, à l'issue des courses. Elles doivent être dictées par la lettre stricte du règlement.

Elles sont sans appel pour tout ce qui concerne les faits de courses; le recours à la Fédération est seulement admis pour l'application et l'interprétation du règlement.

Les concurrents par le fait seul de leur

engagement acceptent cette juridiction à l'exclusion de toute autre.

Art. 27. — Un membre du Comité organisateur *doit se trouver, une heure avant la première course*, à l'endroit désigné sur le programme officiel, afin de donner aux représentants des équipes, qui doivent aussi s'y trouver, les instructions verbales et les renseignements nécessaires.

Art. 28. — Les embarcations inscrites ou non, qui ne prennent pas part aux courses et celles qui abandonnent en course doivent se tenir en dehors du parcours.

Il n'est permis à aucune embarcation d'accompagner un des concurrents pour le piloter; le concurrent qui aura accepté ce concours sera mis hors de course. Celui ou ceux qui auront piloté un des concurrents dans une embarcation seront disqualifiés par le jury ou le juge-arbitre pour un temps à déterminer par lui

Art. 29. — Le *plan officiel* des parcours, avec indication des bouées, des distances, des points de départ et d'arrivée doit être affiché dans l'enceinte réservée.

Art. 30. — Lorsqu'une course a lieu en plusieurs épreuves, *l'épreuve définitive* est courue par :

1° Les deux premières embarcations, au plus, de chaque épreuve préparatoire ;

2° Les embarcations ayant mis moins de temps à effectuer le parcours que l'une des embarcations ci-dessus.

Art. 31. — A l'heure indiquée par le programme le signal du départ sera donné sans attendre les retardataires.

Les signaux d'avertissement demeurent simplement facultatifs.

Art. 32. — Lorsque les courses ont lieu *bord à bord*, le départ se fera autant que possible dans le sens du courant ; l'embarcation ayant le n° 1 prendra la place indiquée avant le tirage au sort par le Comité organisateur.

Art. 33. — Le commissaire *(starter)* chargé de donner le départ fait aligner les embarcations par l'étrave.

Le signal du départ se donne de la manière suivante :

Le starter élève un pavillon et dit en même temps : « *Etes-vous prêts ?* » ; aucune observation n'étant faite, il prononce à haute voix le mot « *partez !* » et abaisse en même temps son pavillon.

Tout autre signal tel qu'une détonation,

ne sert qu'à appuyer le départ ou à avertir que la course est commencée.

S'il y a lieu d'arrêter la course dès le départ, le starter agitera son pavillon et rappellera les concurrents.

Toute embarcation qui *part avant* le signal peut être mise hors de course.

Toute embarcation qui refuse un second départ est mise hors de course.

Le juge-arbitre peut remplir lui-même les fonctions de starter.

Pour le départ des courses au piquet, voir l'article 55.

Art. 34. — Au départ ou pendant la course, pour signaler un incident au moment où il se produit, il suffit d'élever le bras.

Art. 35. — Le juge-arbitre (ou les commissaires de parcours) apprécie la régularité de la ligne de marche suivie par les embarcations ; il peut avertir les rameurs sur le point de commettre une faute.

Art. 36. — Lorsque un obstacle imprévu viendra barrer *complétement* la route de l'une des embarcations concurrentes, son équipe pourra demander l'annulation de la course ; mais le juge-arbitre ou les commissaires de parcours auront seuls le droit d'arrêter la course pour la faire recommencer.

Art. 37. — Le *commissaire* à l'arrivée constate l'arrivée au but sur l'étrave des embarcations ; il donnera le signal d'arrêt en abaissant un pavillon.

Tout autre signal ne sert qu'à indiquer que la course est bien terminée.

La *ligne d'arrivée* sera définie par des mâts spéciaux placés ostensiblement.

Pour les courses au piquet, voir l'article 58.

Art. 38. — Si plusieurs embarcations arrivent exactement ensemble au but, il est procédé à une nouvelle épreuve au moment fixé par le juge-arbitre (ou le jury), à moins que les concurrents ne préfèrent partager le prix.

Les concurrents qui refusent de recommencer la course perdent tous leurs droits aux prix.

Art. 39. — Nul ne peut se prévaloir d'une avarie pour demander à recommancer la course.

Art. 40. — Toute Régate doit avoir obligatoirement un *service de sauvetage* soigneusement organisé par la Société organisatrice. — En dehors de ce service, s'il survient un accident, toutes les embarcations présentes doivent se porter au secours des naufragés, et si l'accident se produit pendant une course, le jury (ou le juge-arbitre) se réserve le droit de faire recommencer la course ou d'appliquer les prix suivant le cas.

Si l'équipe coulée était en course, le jury (ou le juge-arbitre) décidera s'il y a lieu de lui laisser recommencer la course.

Art. 41. — Toute équipe est responsable des *avaries* qu'elle cause en course à ses concurrentes par sa faute; la constatation et l'appréciation des avaries doit être faite par le juge-arbitre (ou le jury), et la Société à laquelle appartient l'équipe est responsable de l'indemnité fixée.

Art. 42. — Toute *réclamation*, pour être valable, doit être faite par écrit, signée par le ou les rameurs directement lésés, ou par leur délégué officiel, et déposée immédiatement après la course entre les mains du juge-arbitre (ou du président du jury) en même temps qu'une consignation égale au montant de l'entrée de la course contestée.

Quand la réclamation n'est pas reconnue fondée, la consignation est acquise au fonds de courses régional du groupe dont fait partie la Société organisatrice.

Prix

Art. 43. — Il suffit qu'une seule des embarcations inscrites se présente en ligne pour avoir droit au prix en l'absence de ses concurrentes, mais à la condition d'effectuer le parcours d'une façon normale et régulière.

ART. 44. — *Tous les prix annoncés* doivent être distribués, sous réserve toutefois, de la complète, régulière et normale exécution des parcours par les concurrents engagés et en tenant compte de la restriction prévue article 45.

ART. 45. — Lorsqu'une équipe arrivée classée *sans avoir gêné ses concurrents*, est mise hors de course pour toute autre infraction au règlement, le prix retiré à l'équipe disqualifiée retourne au fonds de course régional du groupe auquel appartient la Société organisatrice (mais seulement lorsqu'il s'agit de prix en espèces, les objets d'art retournent à la Société organisatrice), et les autres équipes conservent leurs prix primitifs, sans monter chacune d'un rang.

II. — Dispositions spéciales aux courses en ligne droite

ART. 46. — Dès que le départ a été régulièrement effectué, chaque embarcation doit rigoureusement *se tenir dans ses eaux*, toute embarcation qui se soustrait à cette obligation le fait à ses risques et périls.

Art. 47. — Sont considérées les *eaux* d'une embarcation, la ligne la plus directe depuis le départ jusqu'à l'arrivée, parallèle à celles des embarcations concurrentes.

Art. 48. — Dès que la course est commencée, tout contact d'aviron, de bateau ou d'équipier sortant de ses eaux avec l'aviron, le bateau ou les équipiers d'une embarcation concurrente restée dans ses eaux, est considérée comme une infraction, à moins que ce contact soit involontaire et si léger que le juge-arbitre (ou le jury) décide qu'il n'a pu avoir d'influence sur les résultats de la course.

Art. 49. — En cas d'abordage, le juge-arbitre (ou le jury) a le pouvoir :

1° De placer les embarcations dans l'ordre de leur arrivée à l'exception de celle qui a causé l'abordage et qui est mise hors de course ;

2° D'ordonner aux embarcations qui ont pris part à la course, sauf celle qui a causé l'abordage, de recommencer le parcours le jour même ou tout autre jour.

III. — Dispositions spéciales aux courses à virages

Art. 50. — Le commissaire de virage doit se placer le plus près possible de la bouée et en dedans de celle-ci autant que faire se peut.

Les virages se font sur babord à moins d'impossibilité absolue.

Les points de virage doivent être doublés sans être touchés ni par les rameurs ni par les barreurs.

Le fait d'avoir touché les points de virage, soit avec les avirons, soit avec le bateau, n'entraîne pas la mise hors de course.

Si les rameurs ou barreurs viennent à toucher les points de virage par le fait de l'abordage d'une autre embarcation qui pousse la leur sur la bouée, la mise hors de course n'est applicable qu'à l'embarcation qui a causé l'abordage.

Art. 51. — Lorsque tous les concurrents ont le *même point de virage*, celui-ci doit affecter autant que possible, la forme d'un triangle ayant une base aussi large que possible et le sommet limitant le bassin de course.

Art. 52. — Lorsque chaque embarcation

a son *point de virage individuel*, il y a lieu d'appliquer les dispositions spéciales aux courses en ligne droite.

Chaque groupe fédéré est libre de prendre, suivant la nature des lieux, telles mesures qu'il jugera convenable pour la disposition des points de virage.

Art. 53. — Toute embarcation qui en aborde une autre, qui manœuvre de manière à gêner ou arrêter la marche d'une concurrente, ou qui lui prend ses eaux avant d'avoir sa longueur franche *bien déterminée* est mise hors de course.

Art. 54. — Lorsque deux embarcations se présentent ensemble à la bouée, le virage appartient à celle qui tient la bouée, à moins que l'une de ses concurrentes n'ait sur elle l'avance de sa longueur franche *bien déterminée*.

IV. — Dispositions spéciales aux courses au piquet

Art. 55. — Dans les courses au piquet, les places ne sont pas tirées au sort; la Société organisatrice place les équipes d'après leur valeur basée sur les résultats de précédentes régates, la plus forte en tête.

Art. 56. — Pour les départs, le starter, après s'être assuré que les rameurs sont prêts et les barreurs à la corde, donne le signal par deux coups de feu ou par deux coups de sonnerie électrique, le premier servant d'avertissement.

Toute équipe qui part avant le second coup peut être mise hors de course.

Art. 57. — Les équipes gardent la rive à contre-bord du virage; elles ne peuvent s'en écarter que pour doubler une autre équipe; puis, elles reprennent cette rive aussitôt qu'elles ont leur longueur franche.

Art. 58. — Si une équipe en rejoint une autre au virage, avant que le virage soit commencé, cette dernière est tenue de s'écarter, de manière à laisser le virage entièrement libre à sa concurrente.

Art. 59. — Le commissaire à l'arrivée signale l'arrivée au piquet, soit par un coup de feu appuyé par un signal de pavillon, soit par tout autre moyen, au moment où l'étrave de l'embarcation affleure la corde d'arrivée.

TROISIÈME PARTIE

LISTE DES SOCIÉTÉS

COMPOSANT

LA FÉDÉRATION FRANCAISE

DES SOCIÉTÉS D'AVIRON (1)

I. — Union du Sud-Ouest

(Fondée en 1880)

1. Club nautique de Libourne.
2. Rowing-Club de Cognac.
3. Emulation nautique de Toulouse.
4. Société nautique de Bordeaux.
5. Sport nautique de Bergerac.
6. Club nautique de Castillon.
7. Aviron toulousain de Toulouse.

(1) Sauf erreurs ou omissions.

8. Aviron condomois de Condom.
9. Les Rameurs condomois de Condom.
10. Yacht-Club de Cognac.
11. Société nautique de Bayonne.
12. Société des Régates d'Agen.
13. Aviron villeneuvois de Villeneuve-sur-Lot.
14. Emulation nautique de La Réole.

II. — Union de France

(Fondée en 1882)

1. Cercle nautique de France, Paris.
2. Rowing-Club de Paris.
3. Société nautique de la Marne, Paris.
4. Société des Régates saintaises (en congé).
5. Club nautique de Lyon.
6. Rowing-Club de Tours.
7. Union nautique de Lyon.
8. Société nautique de l'Oise, Pontoise.
9. Société nautique de Saumur.
10. Cercle de l'Aviron et de la Voile de Limoges.
11. Société nautique de Caen.
12. Société des Régates mâconnaises.
13. Société nautique de Tours.
14. Société des Régates châlonnaises.
15. Cercle nautique du Croisset.
16. Société nautique du Loiret, Orléans.
17. Cercle nautique elbeuvien.

18. Société des Régates de Duclair.
19. Société des Pagayeurs parisiens.
20. Société de Voile et d'Aviron de Billancourt.
21. Club nautique de Paris.
22. Société nautique de Vernon.
23. L'Aviron vichyssois.

Comités adhérents

1. Comité des Régates du Havre.
2. Comité des Régates de Dieppedalle.
3. Comité des Régates de la Bouille.

III. — Fédération du Nord

(Fondée en 1889)

1. Sport nautique d'Amiens.
2. Sporting Club d'Armentières.
3. Sport nautique de Bouchain.
4. Boulogne-Club de Boulogne-sur-Mer.
5. Emulation nautique de Boulogne-sur-Mer.
6. Emulation nautique de Calais.
7. Union nautique de Calais.
8. Union nautique de Cambrai.
9. Club nautique dieppois.
10. Sporting-Club de Dunkerque.
11. Rowing-Club de Lille.
12. Sport nautique de Lille.

13. Union nautique de Saint-André-lez-Lille.
14. Cercle de l'Aviron de Roubaix.
15. Club nautique Trois-Etoiles de Roubaix,
16. Société des Régates rouennaises.
17. Yole-Club de Rouen.
18. Société des Régates du Tréport.
19. Union nautique de Valenciennes.
20. Sport nautique de Valenciennes.
21. Sport nautique de Douai.

Comité adhérent

1. Comité des Régates de Calais.

IV. — Union du Nord-Est

(Fondée en 1890)

1. Cercle nautique de Meaux.
2. Société des Régates rémoises.
3. Société nautique de Troyes.
4. Sport nautique de Compiègne.
5. Rowing-Club de l'Aisne.

V. — Fédération du Sud-Est

(Fondée en 1892)

1. Société des Régates lyonnaises.
2. Société nautique bisontine, Besançon.
3. Club nautique de Lyon.

4. Cercle de l'Aviron de Lyon.
5. Cercle nautique de Neuville-sur-Saône.

VI. — Fédération Parisienne

(Fondée en 1893)

1. Rowing-Club de Paris.
2. Cercle nautique de France.
3. Société nautique de la Marne.
4. Société des Pagayeurs Parisiens.
5. Société de Voile et d'Aviron de Billancourt.
6. Club nautique de Paris.

Comité adhérent

1. Comité des Régates internationales de Paris.

LISTE DES SOCIÉTÉS ÉTRANGÈRES

RECONNUES PAR

LA FÉDÉRATION FRANCAISE

DES SOCIÉTÉS D'AVIRON

Alsace-Lorraine

Club nautique Stella (Strasbourg).
Rowing-Club (Strasbourg).
Ill-Club (Strasbourg).

Angleterre

Brighton Excelsior Rowing-Club, de la *Coast Amateur Rowing Association.*
Folkestone Rowing-Club, de la *Coast Amateur Rowing Association.*
Newhaven Rowing-Club, de la *Coast Amateur Rowing Association.*

Autriche-Hongrie

Société des Régates (Trieste).
Vienner Regatta-Verein (Vienne).

Belgique

Fédération belge des Sociétés d'Aviron (Bruxelles).
Société royale nautique anversoise (Anvers).
Yacht-Club d'Anvers.
Sport nautique de Bruges.
Cercle des Régates de Bruxelles.
Royal sport nautique de Bruxelles.
Union nautique de Bruxelles.
Sport nautique de Courtrai.
Club nautique de Gand.
Sport nautique de Gand.
Régates gantoises (Gand).
Rowing-Club de Gand.
Royal Sport nautique de la Meuse (Liège).
Union nautique de Liège.
Club nautique de Louvain.
Sport nautique de Malines.
Rowing-Club de Menin.
Royal-Club nautique de Sambre-et-Meuse (Namur).
Sport nautique d'Ostende.
Cercle des Régates de Saint-Ghislain.
Club nautique de Termonde.
Réunion nautique de Vilvorde.
Cercle nautique de la Basse-Meuse de Visé.
Water en Win (Lokeren).
Cercle nautique montais (Mons).
Club nautique (Spa).

Espagne

Real-Club de Regatas de Barcelona.
Real-Club nautico de Barcelona.

Hollande

Koninklighe Nederlandsche Zeil-en Roeivereeniging.
Amsterdamsche Roie-en Zeilvereeniging *De Hoop* (Amsterdam).
Roei-en Zeilvereeniging *De Amstel* (Amsterdam).
Roeivereeniging *Fortuna* —
Studenten Roeivereeniging *Nereus* —
Roeivereeniging *Neptunus* —
Roeivereeniging *Willem III* —
Studenten Roeivereeniging *Laga* (Delft).
Vereeniging *De Delftsche Sport* —
Roei-en Zeilvereeniging *Daventria* (Deventer).
Y Gravenhaagsche Roeivereeniging *Skadhi* (Y Gravenhage).
Roei-en Zeilvereeniging *Het Spaarne* (Haarlem).
Studenten Roeivereeniging *Njord* (Leiden).
Zeil en Roeivereeniging *Hollandia* (Oudshoorn).
Roei-en Zeilvereeniging *De Maas* (Rotterdam).
Deutscher Turnner Ruderverein
Studenten Roeivereeniging, *Triton* (Utrecht).

Zwolsche Zeil en Roeivereeniging (Zwolle).
Comité du Championnat (Amsterdam).
Studenten Roei Vereeniging *Aegir* (Groningen).
Roei Vereeniging *de Hunze* (Groningen).

Italie

Rowing-Club Italiano

Section centrale

Canottieri *Armida* (Turin).
— *Baldesio* (Cremona).
— *Bucintoro* (Venise).
— *Bresca* (S. Remo).
— *Caprera* (Turin).
— *Cerea* —
— *Eridano* —
— *Esperia* —
— *Genovesi* (Gênes).
— *Italia* (Naples).
— *Luino* (Luino).
— *Nino-Bixio* (Piazenza).
— *Sedula* (Casalo).
— *Torino* (Turin).
— *Ticino* (Pavia).
— *Velocior* (Spezia).
— *Vittorino da Feltre* (Piacenza).
Rowing-Club *Genovèse* (Gênes).
Société *Ginnastica* (Turin).

Section Lariane

Sociéta Canottieri *Lario* (Como).

Section Romaine

Club Canottïeri *Tevere* (Rome).
Club del *Remo* (Rome).

Suisse

Société nautique de Genève.
Sée-Club de Zurich.
Basler Rowing-Club (Bâle).
Club de l'Aviron de Lausanne.
Rowing-Club de Lausanne.
Club nautique de Nyon.
Société vaudoise de navigation d'Ouchy.
Société nautique de Rolle.
Cercle nautique de Vevey.
Club nautique (Vevey.

BERGERAC

Imprimerie Générale du Sud-Ouest, 3, rue St-Esprit

1893

www.ingramcontent.com/pod-product-compliance
Ingram Content Group UK Ltd.
Pitfield, Milton Keynes, MK11 3LW, UK
UKHW022141170726
13837UKWH00004B/1700

9 782329 144849